AF305872

CONTINUATION

DU TRAITÉ

DE

L'AMOUR DE DIEU,

CONTENANT

UNE RÉPONSE A UN LIBELLE

injurieux, calomnieux & séditieux,

INTITULÉ:

*Dénonciation du Traité Philosophique & Theo-
logique de M. Du-Pin sur l'Amour de Dieu
aux Evêques Catholiques.*

A PARIS,

Chez JACQUES VINCENT, rue & vis-à-vis
l'Eglise de S. Severin, à l'Ange.

M. DCC. XVII.

Avec Approbation & Privilege du Roy.

CONTINUATION
DU TRAITÉ
DE L'AMOUR DE DIEU,

CONTENANT

UNE REPONSE A UN LIBELLE
injurieux, calomnieux & seditieux,

INTITULÉ:

Dénonciation du Traité Philosophique & Theo-
logique de M. Du-Pin sur l'Amour de Dieu
aux Evêques Catholiques.

JE ne releverai point les injures
personnelles dont cet Auteur me
charge. Il dit que je ne suis ni
Philosophe, ni Theologien, ni
Geomettre ; je ne me pique point
de ces qualitez , à l'exception de celle de
Theologien ; le Public me rendra la-dessus

A

aſſez de juſtice, ſans que j'aye beſoin de me juſtifier.

L'Auteur de ce Libelle adreſſe ſa dénonciation *aux Evêques Catholiques*; termes inuſitez, inſultans l'ordre des Evêques, comme ſi dans l'Egliſe il y avoit des Evêques qui ne fuſſent pas Catholiques. On voit dès le Titre le deſſein de l'Auteur, & qu'il a voulu faire une diſtinction entre les Evêques, dont il ſuppoſe que les uns ſont Catholiques, & les autres ne le ſont pas; diſtinction injurieuſe à tous les Evêques qui ſe reconnoiſſent mutuellement pour Catholiques, & à la Déclaration du Roy qui l'aſſûre préciſément, & qui défend *à tous les Sujets de Sa Majeſté, de quelque état & condition qu'ils ſoient, de s'attaquer ou provoquer les uns les autres par des termes injurieux de Novateurs, Janſeniſtes, Semi-Pelagiens, Schiſmatiques, Hérétiques, & autres noms du parti, le tout à peine contre les contrevenans d'être traités comme rebelles, déſobéiſſans à nos Ordres, ſéditieux, & perturbateurs du repos public.*

Cet Ouvrage de ténébres, & dont l'Auteur n'a pas voulu ſe faire connoître, eſt rempli depuis un bout juſqu'à l'autre d'erreurs, de calomnies, d'équivoques, & de maximes ſéditieuſes.

L'Auteur prétend d'abord que je me ſuis contredit ſur l'incompatibilité de la crainte ſervile des peines éternelles avec la charité;

il faut être ou ignorant ou malicieux, pour ſuppoſer cette contradiction dans mon Livre. J'ai dit & je le ſoûtiens encore que la crainte purement ſervile, eſt incompatible avec la charité, & que la charité parfaite l'exclut; ce ſont les termes de l'Apôtre ſaint Jean que l'on ne peut combattre ſans impieté. Ai-je dit, page 81. que ce fut la crainte ſervile qui étoit compatible avec la charité parfaite ? Non certes. J'ai dit ſeulement que la crainte des peines étoit en cette vie compatible avec la charité; c'eſt un point de foy. Quelle contradiction y a-t-il entre ces deux propoſitions également certaines & fondées ſur l'Ecriture ?

J'ai dit pluſieurs fois que la crainte des peines éternelles étoit bonne, utile & ſalutaire: j'ai ſuivi en cela la déciſion du Concile de Trente, dont l'Auteur du Libelle m'accuſe de m'être écarté. Cette crainte n'eſt pas ſelon moi incompatible avec la charité commencée. L'Auteur avoüe que c'eſt mon ſentiment; comment donc peut-il trouver à redire à ma doctrine ?

Il eſt vrai que j'ai requis l'amour de Dieu pour une action utile & profitable au ſalut, & que j'ai dit que la crainte ſervile en elle-même ne renfermoit point l'amour de Dieu: mais la contradiction apparente dont il m'accuſe, n'eſt fondée que ſur une équi-

A iij

voque aifée à développer. La crainte fervile des peines éternelles eft bonne & utile ; aucun Catholique n'en peut difconvenir : mais eft - elle méritoire fans l'amour de Dieu ? c'eft ce que j'ai nié avec tous les Peres.

C'eft ici où il faut réfuter un Sophifme très-dangereux contenu dans la page 8. de ce Libelle, *Il neft pas poffible de craindre la peine, fans aimer celui dont elle prive. Tout motif d'amour renferme de l'amour : la crainte des peines éternelles eft un motif de l'amour de Dieu ; puifque Dieu, pour nous porter à l'aimer, nous menace d'une peine éternelle, fi nous ne l'aimons pas : Donc la crainte de la peine renferme de l'amour de Dieu.* Jamais il ne peut tomber dans l'efprit d'une perfonne raifonnable que la crainte de la peine renferme l'amour, quand elle eft purement fervile, comme on le fuppofe : On craint la peine ; & on n'aime point celui qui eft Auteur de la peine : Un criminel craint la peine ; mais n'aime point le Juge qui le condamne au fupplice. Dieu menace les hommes des peines éternelles : cette menace eft utile & falutaire ; mais la crainte de cette peine n'eft pas fuffifante pour nous rendre juftes à fes yeux. Nous le craignons, & nous devons le craindre. Si nous fommes fes enfans, nous le craignons d'un amour filial ; & alors la crainte eft compatible avec l'amour. Si nous

n'avions qu'une crainte fervile, c'eſt-à-dire,
ſi nous ne craigniïons que les peines, &
qu'en cas qu'elles ne fuſſent point à craindre, nous ne fiſſions aucune difficulté d'of-
fenſer Dieu, en ce cas on ne peut pas dire
que nous l'aimaſſions, & que cette crainte
fût compatible avec l'amour, ni même avec
l'eſperance, qui ne ſeroit point le motif qui
nous feroit agir ; encore moins avec la pénitence qui renferme un regret ſincere d'avoir
offenſé Dieu pour l'amour de lui.

Ceci eſt un principe certain qui revient à
ce que j'ai dit, & que je ne déſavoüe pas,
Que la crainte fervile retient les actions exté-
rieures du péché ; mais qu'elle n'apporte aucun
changement à l'intérieur de la volonté : Que
la crainte des peines arrête l'action extérieure ;
mais qu'elle ne change pas la diſpoſition du
cœur. Je ſoûtiens ces propoſitions véritables
en Philoſophe, en Théologien, en Géome-
tre, puiſqu'il plaît à l'Auteur de me donner
ces qualitez. En bonne Philoſophie, la crainte
fervile n'eſt point une vertu ; & jamais on n'a
loüé les eſclaves de ce qu'ils ne voloient pas
leurs Maîtres, parce qu'ils craignoient d'ê-
tre punis. En Théologie, l'on a toûjours te-
nu ſuivant la doctrine de Jeſus-Chriſt, des
Apôtres, & de l'Egliſe, que les Chrétiens,
pour mériter, devoient agir par amour de
Dieu, & non par crainte. En Géométrie,

(quoique ceci ne foit pas de fon reſſort) on tient qu'il y a deux fortes de forces mouvantes : les unes néceſſaires & forcées, les autres qui procedent de l'action d'un agent libre : les premieres font regardées comme n'étant d'aucun mérite ; & les fecondes font eſtimées par les découvertes qu'elles produiſent.

Venons à un nouveau Sophiſme de l'Auteur du Libelle, page 11. *Tout mouvement de notre volonté apporte du changement dans la volonté : qu'eſt-ce que changer, ſi ce n'eſt vouloir ce qu'on ne vouloit pas auparavant ? Telle eſt la nature des actes de la volonté humaine. Or la crainte des peines eſt un mouvement intérieur de la volonté, qui renferme même de l'amour légitime, comme je viens de le démontrer ; donc la crainte des peines apporte du changement à l'intérieur de la volonté.* On convient avec l'Auteur que *tout mouvement de notre volonté y apporte du changement ;* mais ce changement peut regarder différens objets, & avoir différens motifs. La volonté d'un homme qui aime le plaiſir, peut être changée par un mouvement de crainte pour ſa ſanté : Cet homme ne laiſſe pas d'aimer dans le fonds le plaiſir ; mais il craint la maladie : ce n'eſt pas l'amour du bien qui le fait changer ; c'eſt la crainte du mal. On avoüe que la crainte des peines eſt un mouvement intérieur de la volonté ; mais on nie qu'elle renferme de l'amour légitime. Le changement qu'elle apporte à la volonté, n'est point de se porter à Dieu véritablement & sincerement ; c'est un changement qui ne regarde que l'action extérieure, & non la disposition intérieure de la volonté. Pour éclaircir ce fait, mettons-le dans un exemple : Un voleur de grand chemin frappé de l'appréhension du supplice, s'abstient de voler : il ne veut plus voler, parce qu'il craint la peine ; mais la même inclination & la même volonté de voler reste dans son cœur, parce qu'il voleroit, s'il n'y avoit point de supplice à craindre. Le changement de sa volonté n'est pas pour se tourner vers un bien qu'il aime ; mais pour éviter un mal qu'il craint. L'application est aisée à faire : Un homme qui s'abstient d'offenser Dieu, parce qu'il craint les peines éternelles, & qu'il offenseroit, s'il n'avoit point à les craindre, change bien de volonté pour l'action ; mais il ne change point de volonté dans le fonds du cœur : c'est-à-dire, qu'il se résout par crainte à ne point faire cette action ; mais qu'il voudroit la faire, s'il n'avoit point de peines à craindre.

C'est sur cette équivoque que roule tout le raisonnement de l'Auteur du Libelle pendant plusieurs pages ; *selon notre Auteur,* (dit-il page 12.) *la crainte même servile des peines éternelles sert à retenir l'action : elle arrête le penchant & l'habitude : elle dispose l'homme à recevoir la charité. Or tout cela ne se peut faire, sans apporter quelque changement à la disposition du cœur. Comment retenir l'action extérieure, que par un mouvement ? & peut-il y avoir des mouvemens du cœur qui n'y produisent du changement, sur tout quand ils sont contraires ? Comment arrêter le penchant & l'habitude de la volonté, sans changer la disposition de la volonté ? comment disposer à la charité autrement que par des actes intérieurs de vertu, qui tournent la volonté du côté de Dieu ? il est donc évident que la crainte apporte du changement à l'intérieur de la volonté.* Pitoïable raisonnement. Distinguons la volonté de ne point faire une action, de celle de vouloir faire une action ; & tout le Sophisme disparoît. On retient volontairement l'action extérieure : on se retire avec peine de l'habitude, c'est un changement de volonté : on l'avoüe ; mais qui n'a pour terme que la simple action extérieure, & qui dans le fonds n'y feroit aucun changement, si elle n'y étoit disposée à le faire par le motif de la crainte. Je veux faire cette action criminelle, & je l'éxecute volontairement ; voilà le crime. Je ne la veux point faire, parce que je crains le supplice ; & si je pouvois l'éviter, je la ferois : en ce cas la volonté n'est chan-

gée que quand au vouloir de l'action ; car
dans le fonds elle aime toûjours cette action
criminelle, qu'elle ne s'empêche de commettre, que par la crainte du supplice : ainsi l'intérieur de la volonté n'est point changée
quant à l'objet, mais seulement quant aux
circonstances.

L'Auteur abuse indignement des paroles
de l'Ecriture - Sainte , où il est dit , que *la
crainte du Seigneur chasse le péché :* il devoit
sçavoir, s'il est Théologien, que *la crainte du
Seigneur* dans l'Ecriture, n'est pas seulement
une crainte servile ; mais une crainte filiale
qui renferme un véritable amour de Dieu :
mais ces Auteurs nouveaux ont bien une autre idée de la crainte du Seigneur que n'ont
euë les anciens. La crainte de Dieu étoit au-
trefois l'amour du Seigneur que l'on crai-
gnoit d'offenser ; c'est le langage de l'Ecriture, & des SS. Peres : à présent ces nouveaux
Théologiens condamnez & désapprouvez ,
nous veulent substituer une crainte servile ,
comme étant la vraie crainte du Seigneur.
Malheur à ces indignes Prophetes qui nous
annoncent que le mal est le bien , & que le
bien est le mal. Périssent tous ceux qui sui-
vront leurs maximes.

L'Auteur cite à la page 14. & 15. & autres,
la Constitution du Pape Clément X I. qui
commence par le mot, *Unigenitus :* il en

veut faire une regle de foy dans son Ouvrage, au mépris des Evêques, & de la Déclaration du Roy.

Il abuse indignement des témoignages de saint Thomas. Ce Docteur Angelique ne dit point, comme l'Auteur prétend, qu'il n'y a point de crainte sans amour. La crainte dont il parle, est une crainte de perdre ce que l'on aime; c'est une crainte filiale. La crainte conduit à l'amour; ce sont les principes de ce Saint, que l'on a adoptés plusieurs fois dans le Traité de l'Amour de Dieu. Mais que toute crainte soit accompagnée d'amour, c'est ce que l'on ne sçauroit dire sans blasphémes; car les Démons tremblent & craignent le Seigneur, & n'ont point d'amour pour lui. Nous ne suivrons pas l'Auteur dans tous les paralogismes qu'il fait depuis la page 18. jusqu'à la page 27. Nous lui passons tous les passages des Peres qu'il cite mal-à-propos, & même celui du Concile de Trente; & nous réduisons la question à un seul point assez expliqué & prouvé dans le Traité de l'Amour de Dieu, que la crainte est bonne & utile; mais que cependant elle ne justifie pas sans la charité. *La crainte produit l'amour*, dit-il. Si c'est un Pélagien qui parle, la crainte purement naturelle, suivant ces principes, produiroit l'amour. Comme nous supposons que l'Auteur du Libelle, (quelques erreurs qu'il contienne,) est un Catholique, nous voulons bien lui passer qu'il a parlé d'une crainte surnaturelle ; mais nous ne lui passerons pas que cette crainte seule est une cause suffisante pour ne plus pécher : & nous lui nions formellement que *la crainte seule des peines soit un motif légitime & assez puissant pour porter les hommes à l'observance de tous les Commandemens, même de celui de la Charité, & à l'éloignement de tous les péchez mortels, ni que la crainte des peines soit une cause capable de déterminer la volonté à ne plus pécher, & qu'elle renferme donc la volonté de ne plus pécher, parce que toute cause contient son effet en quelque façon.* Ces pensées qui approchent fort du Pélagianisme, seront rejettées par tous les bons Théologiens des Ecoles Catholiques ; & ce que l'Auteur a la hardiesse d'avancer ensuite, qu'il a pour garands la raison & l'Ecriture, sera certainement démenti & par les Philosophes, & par les Théologiens, & est amplement réfuté dans l'Ouvrage qu'il attaque, par la raison, par l'Ecriture, par la Tradition, & par les sentimens des plus habiles Théologiens anciens & modernes.

Inutilement l'Auteur du Libelle prouve-t-il par l'Ecriture, que Jesus-Christ & les Apôtres ont menacé les hommes des peines, pour les détourner du péché ; & par le Concile de Trente, que la crainte de la gehenne n'eſt pas un péché, & qu'elle peut faire qu'on s'abſtienne du péché. C'eſt une vérité que l'Auteur de l'Ouvrage a établie en pluſieurs endroits bien plus fortement que ne fait l'Auteur du Libelle ; mais il ne s'enſuit pas de-là que cette crainte change le cœur de l'homme, & qu'elle le rende juſte devant celui qui ſonde les cœurs. Elle fait que l'on veut s'abſtenir du péché, *parce qu'on regarde les peines éternelles comme un plus grand mal que le bien apparent qu'on trouve dans le péché*, comme l'Auteur du Libelle le dit à la page 20. mais cette diſpoſition ne change pas pour cela celle du fonds du cœur qui voudroit & qui aimeroit le mal, s'il n'y avoit point de peines à craindre.

L'Auteur du Traité de l'Amour de Dieu a prouvé démonſtrativement dans le chap. 4. de la partie 4. de ſon Ouvrage que l'Attrition dont le Concile de Trente parle dans la Seſſ. 14. *qui exclut la volonté de pécher*, renferme un amour de Dieu ſur toutes choſes, c'eſt-à-dire une charité au moins commencée, c'eſt un des plus forts endroits de ſon Ouvrage. L'Auteur du Libelle, ſans en dire un ſeul mot, ſe ſert encore du paſſage de ce Concile pour montrer que la ſeule crainte exclut la volonté de pécher. Il ne faut pas s'étonner qu'il ait fait cette omiſſion, il n'a pas eu deſſein d'instruire, d'établir la vérité, ni de réfuter l'erreur, mais d'insulter le Corps de la Faculté de Theologie de Paris avec un de ses Docteurs, & de décrier un Ouvrage bien reçu du Public.

La suite du Libelle, depuis la page 24. jusqu'à la page 27. est un perpetuel paralogisme qui roule toûjours sur l'équivoque de ces termes, *changer la volonté, s'abstenir du péché*; il faut une fois pour toutes développer clairement cette équivoque. La crainte servile change la volonté de commettre l'action du péché, elle fait qu'on s'abstient de l'action, ainsi elle est bonne & utile ; mais la crainte servile seule ne change pas le fonds du cœur, puisqu'elle suppose que l'on est dans la disposition de commettre le péché, s'il n'y avoit point de peines à craindre ; ainsi on s'abstient de l'action exterieure du péché sans que le cœur soit converti vers le bien, puisque ce n'est pas le bien que l'on aime, mais la peine que l'on craint. Quiconque ne se rendra pas à des définitions si claires doit avoir ou l'esprit bien bouché ou le cœur bien corrompu.

Mais que dira-t-on d'un homme qui attribue la constance des Martyrs, le renoncement au monde & à ses plaisirs, la multitude de Solitaires & de Religieux, enfin l'heroïsme du Christianisme, au motif de la crainte servile ; c'est ce que fait l'Auteur du Libelle p. 27.

Jusqu'ici l'on a regardé le martyre comme l'effet d'une charité parfaite, suivant la doctrine de Jesus-Christ, qui enseigne que *le bon Pasteur est celui qui donne sa vie pour ses brebis,* non en mercenaire, mais en vrai Pasteur qui les aime ; & suivant la maxime de l'Apôtre *que la perfection de la charité consiste à donner sa vie pour Jesus-Christ, comme Jesus-Christ l'a donnée pour nous.* Est-ce la crainte servile qui a conduit & soutenu dans les deserts & dans les cloîtres tant de saints Solitaires & Religieux ; si elle a pû les ébranler d'abord & les porter à cette retraite, ce n'est pas certainement elle seule qui les a soutenus contre les tentations, & qui les a portez à pratiquer de bon cœur tant d'austeritez. Enfin je ne dis pas un Theologien, mais un Chrétien, peut il avancer que c'est la crainte servile qui fait les heros Chrétiens sans avoir renoncé aux elemens du Christianisme, & aux principes fondamentaux de notre Religion ?

. Je ne repeterai point ce que j'ay dit touchant le changement de volonté par la seule crainte ; cette matiere est assez éclaircie, & les principes que nous avons établis suffisent pour détruire tout ce que l'Auteur du Libelle dit depuis la page 27. jusqu'à la page 40. ce n'est qu'une repetition des faux raisonnemens réfutez amplement dans mon Ouvrage, mêlée de calomnies & de fausses suppositions. Mais

nous

nous ne sçaurions lui passer le blasphême qu'il avance page 34. que la seule crainte d'une peine temporelle est ce qui a justifié les Ninivites; dire que la crainte des peines temporelles, qui est purement naturelle, soit même un commencement de la justice, est un pur Pelagianisme. On voit bien de quelles Ecoles viennent ces maximes antichrétiennes.

Il fait beau voir après cela cet Auteur accuser de Pelagianisme ceux qui soutiennent que les Commandemens de Dieu sont possibles à tous les hommes, & vouloir montrer qu'ils ne sont possibles qu'à ceux qui ont la grace de Jesus-Christ. On croiroit qu'il est en cela Augustinien, s'il n'y avoit dans son discours un venin caché & des détours de serpent. Il faut mettre au jour l'erreur & la malice qui regnent présentement dans plusieurs Theses & dans plusieurs libelles anonymes dont les Auteurs sont assez connus. Ils ont pour but deux choses. La 1re, de renouveller l'erreur *du péché philosophique*. La 2e, d'insinuer qu'il est de foy que tous les hommes ont des graces suffisantes pour faire le bien. Le péché philosophique se trouve autorisé si l'homme destitué de graces n'a pas le pouvoir d'observer les Commandemens. Car Dieu juste, comme dit saint Augustin, n'impute point à péché ce qu'il est impossible d'observer. *Deus impossibilia non jubet.* Supposé donc qu'un homme soit destitué de grace, comme plusieurs Theologiens le soutiennent des infideles & des endurcis (sentiment que le P. Bechefer Jesuite a été obligé de reconnoître pour catholique, & de retracter la proposition contraire qu'il avoit avancée ;) supposé, dis-je, que ces infideles & ces endurcis n'ayent point de grace ; s'ils n'ont pas le pouvoir par la nature d'observer les Commandemens, ils ne commettront point un péché qui soit offense de Dieu, mais seulement un peché philosophique comme l'appellent ces nouveaux Auteurs. La grace suffisante qu'ils supposent donnée à tout le monde ne les tire pas de ce labyrinthe ; car cette grace peut être perdue par les crimes des infideles ; & quoiqu'en disent ces nouveaux Auteurs, ils ne peuvent pas soûtenir que ce soit la grace de Jesus-Christ qui, selon saint Augustin, fait faire le bien, & sans laquelle on ne peut le faire : cependant l'intention de ces Auteurs est d'attribuer à cette grace la même possibilité, pour observer les Commandemens, qui ne convient qu'à la grace efficace.

On n'a point encore bien clairement expliqué cette matiere ; c'est ce qui fait que nous nous croions obligés de la réduire à des principes évidens & certains. Le premier est, que Dieu ne commande point aux hommes des choses impossibles : ce qui ne doit pas s'entendre feulement des fidéles & des juftes; mais en général de tous les hommes. Anathême à quiconque dira que Dieu commande des chofes impoffibles, & que tous les hommes n'ont pas le pouvoir d'obferver fes Commandemens : Ils regardent généralement tous les hommes; & les obligeant tous également, Dieu feroit injufte, s'il commandoit des chofes poffibles aux uns & impoffibles aux autres. Il faut donc avoüer, & c'eft un article de foy, que tous les hommes peuvent obferver les Commandemens de Dieu, fans en excepter les endurcis & les infidéles. Comment donc faint Auguftin & les autres Peres difent-ils que l'homme ne peut pas fans la grace obferver les Commandemens de Dieu ? C'eft ce qu'il faut concilier par la diftinction des différens pouvoirs. Il en eft du pouvoir & de l'impoffibilité comme de la grandeur & de la petiteffe. Ils font relatifs : Une Mouche eft petite par rapport à un Elephant : elle eft grande par rapport à un Ciron. Il en eft de même de ce qu'on appelle pouvoir : on peut & on ne peut pas, fuivant différens dégrez : Un homme peut être Magiftrat, parce qu'il a les qualitez requifes pour être Magiftrat, & ne le peut pas être en un autre fens, parce que le Prince ne le veut pas choifir. Rien ne fera mieux voir l'équivoque du terme de pouvoir, felon les différens rapports, que l'exemple suivant : Je suppose que l'on ait mis dans un cachot obscur un aveugle & une personne qui voit clair : si l'on n'a égard qu'à la puissance de voir, on dira que celui qui a de bons yeux, peut voir, & que l'aveugle ne peut pas voir ; mais si l'on n'a égard qu'à l'obscurité du cachot, sans faire attention à la faculté de voir, on dira que le clair-voyant ne peut pas voir ; c'est le langage ordinaire des hommes. Quand un homme dit à un autre : Je ne puis pas faire votre affaire, ce n'est pas qu'il ne le puisse absolument ; mais c'est qu'il ne le peut pas dans les circonstances présentes qui le déterminent à ne la point faire. Le pouvoir absolu de faire une chose, n'est pas incompatible avec le non - pouvoir relatif : Je puis absolument me jetter par la fenêtre ; mais si je suis sage, il est vrai de dire que je ne le puis pas à cause de l'amour de la vie & des autres motifs qui me retiennent infailliblement. Revenons à notre Thèse : Les Commandemens sont possibles à tous les hommes en quelque état & de quelque nation qu'ils soient : ils l'ont toûjours été ; c'est une vérité certaine : mais ce pouvoir est en eux un pouvoir éloigné, parce qu'il ne peut être réduit en acte, que supposé que l'Evangile leur soit prêché.

Ceux à qui l'Evangile a été prêché, ont un pouvoir d'un second dégré, étans éclairés des lumieres de l'Evangile ; mais ils ne peuvent pas encore en un fens faire le bien, s'ils n'ont la grace, fuivant cette maxime de faint Profper.

Percurrat Apoftolus orbem,
Pradicet, hortetur, plantet, riget, increpet, inftet,
Quaque viam verbo referatam invenerit, intret:
Ut tamen his ftudiis Auditor promoveatur,
Non Doctor, neque Difcipulus ; fed gratia fola
Efficit, inque graves adolet plantaria fructus.

Vers traduits ainfi en François :

Qu'un Apôtre envoié pour éclairer le monde ;
Traverfe les climats de la terre & de l'onde,
Qu'il prêche, qu'il exhorte, & qu'il tonne au dehors ;
Qu'il plante, qu'il arrofe, & faffe mille efforts,
Qu'il porte le flambeau de fa haute lumiere
Par tout où le Seigneur femble ouvrir fa carriere ;
Après tant de travaux, ni l'ame qu'il inftruit,
Ni lui par tous fes foins ne peut faire aucun fruit :
L'homme demeure fourd, quoi qu'on dife & qu'on faffe,
Si Dieu ne parle au cœur par la voix de fa grace.

Le troifiéme dégré de pouvoir eft, quand un homme à qui on a prêché l'Evangile, touché de la grace, defire fa converfion.

C'eft elle qui, fuivant fon immuable Loy,
Seme en l'efprit ce grain d'où doit naître la Foy ;
Hac femen Fidei radicem adfigere menti,
Eque finu cordis validum jubet edere germen.

Ce paffage femble être fait exprès, pour ré-futer ce que l'Auteur avance, page 43. que *la charité au moins commencée n'est pas nécessaire pour toutes bonnes actions méritoires.* L'éxemple qu'il apporte est, qu'*il y a des actes salutaires qui précedent la Foy.* Saint Prosper dit nettement que c'est la grace qui fait naître la foy; & la grace dont il parle, est un commencement d'amour de Dieu, sans lequel on ne peut parvenir à croire utilement. Il est vrai, comme je l'ai dit, que l'amour de Dieu est fondé sur la foy: mais j'ai parlé en cet endroit comme saint Prosper qui donne à cette grace non seulement la foy qu'elle a inspirée; mais la persévérance dans la foy.

Débrouillons ici une autre équivoque de l'Auteur du Libelle: *La grace,* dit il, *précede la foy, la charité suit la foy;* donc j'ai eu tort de dire qu'on ne peut croire en Dieu, sans l'aimer, & que cet amour ne soit le motif de notre foy. La prédication de l'Evangile qui frappe au dehors, rend l'esprit disposé à croire; & les raisons qui prouvent la vérité de la Religion Chrétienne, qui sont évidentes, (quoi qu'en aient voulu dire quelques Théologiens, dont les sentimens ont été condamnez par le Clergé de France, & par la Faculté de Théologie de Paris,) peuvent convaincre l'esprit de l'homme de la vérité de la Religion; mais les hommes ne peuvent pas croire utilement pour leur salut, que la grace ne les porte à croire. Cette

premiere grace doit être un mouvement d'a-
mour de la vérité qui leur a été propofée, &
par conféquent un acte de charité au moins
commencée. Quand un homme a la foy,
cette charité augmente, le confirme, le foû-
tient, & le rend jufte devant Dieu. Les
Théologiens qui ont dit que la foy ne fuppofoit pas la charité, ont entendu par le mot
de *charité* la charité parfaite; mais n'ont pas
exclu un commencement d'amour de charité. Cette réflexion nous a écarté de notre
fujet; revenons-y.

Le quatriéme dégré de pouvoir eft, quand
un homme juftifié par le Baptême, ou par le
Sacrement de Pénitence, ou par un Acte de
Contrition parfaite, peut être en état de faire le bien qu'il aime, & d'éviter le mal qu'il
détefte; mais pour le faire, il faut qu'il aie
des fecours actuels, & que Dieu continuë de
mouvoir fon cœur par fa grace, c'eft-à-dire,
que la charité ou l'amour de Dieu prédomi-
nant demeure & opere en lui; c'eft le pouvoir parfait qui eft toûjours fuivi de fon effet.

L'Auteur du Libelle ufe par tout de chi-
canes & d'équivoques, & trouve des contra-
dictions dans mon Livre où il n'y en a point.
J'ai dit que l'efperance fuppofoit l'amour, &
en même temps que l'efperance n'eft point
un amour, & ne le renferme point dans fon
idée : où eft la contradiction ? *Si l'amour de*

Dieu, dit l'Auteur du Libelle, *influe dans l'efperance, comment peut-elle être fans amour ?* Pauvre Logicien, encore plus pauvre Théologien, ne dois- tu pas fçavoir que, quoique des attributs foient néceffairement joints réellement, l'idée d'un attribut n'eft pas renfermé dans l'autre ? L'idée de la juftice n'eft pas celle de la force ; cependant la juftice ne peut être parfaite fans la force : toutes les vertus font liées , & quoiqu'elles aient des objets & des définitions différentes, elles doivent être unies enfemble. L'efperance ne peut être fans amour ; mais l'efperance ne renferme point dans fon idée l'amour : elle fuppofe feulement que l'on aime ce que l'on efpere, & que l'on peut y parvenir.

Que d'ignorances du cœur humain dans ce qui fuit ! Que de contrarieté avec le beau principe de S. Auguftin, que toutes les vertus ne font que l'Amour qui regarde differens objets : mais enfuite que d'impietez & de propofitions contraires à la parole de Dieu ! Il ne fera plus vrai de dire avec S. Paul, *que c'eft l'efprit de Dieu qui prie pour nous ;* ni avec faint Auguftin, que Dieu n'eft honoré que par amour : *Non colitur Deus nifi amando.* On pourra foûtenir qu'il y a de la Religion où il n'y a point de charité, & quantité d'autres maximes pernicieufes répandues dans ce Libelle jufqu'à la page 60.

La mauvaife foy de l'Auteur fe découvre à la page 61. où il m'impofe une propofition que je n'ay point avancée ; voici le fentiment qu'il m'attribue : *Si l'on ne peut*, dit il, *affifter à la Meffe fans amour de Dieu & fans être réconcilié, on péchera toutes les fois qu'on y affiftera dans une autre difpofition : il fera vrai que le pécheur n'a droit d'affifter au facrifice de l'Eglife qu'après fa réconciliation ; c'eft ce qu'on vient de condamner.* Il m'accufe d'avoir avancé que pour entendre la Meffe il faut être réconcilié parfaitement avec Dieu. Il n'y a qu'à lire le paffage qu'il cite pour le convaincre d'une infigne calomnie, c'eft à la page 206. de mon Ouvrage, dont voici les termes qu'il a malicieufement tronquez : *Si l'on eft obligé de fe réconcilier avec fon frere quand on l'a offenfé, avant que de préfenter fon offrande à l'Autel, à plus forte raifon eft-on obligé de fe réconcilier avec Dieu quand on va pour affifter au terrible facrifice de la Meffe, où l'on offre Jefus-Chrift avec le Prêtre. Ce n'eft pas que je veuille étendre ce precepte à une réconciliation entiere & parfaite, & que je prétende que les pécheurs ne puiffent point fans péché affifter au faint Sacrifice de la Meffe ; mais au moins le pécheur doit-il faire en cette occafion quelque acte de charité commencée, pour fe mettre en état d'entendre utilement la Meffe.* C'eft donc une calomnie de m'attribuer que j'ai dit que l'on ne peut point entendre la Meſſe ſans être réconcilié entierement avec Dieu.

Je ne puis m'empêcher ici de reprendre la remarque d'un Auteur cité dans le Libelle ſur ces termes du Canon de la Meſſe, *Pro quibus offerimus, vel qui tibi offerunt ſacrificium laudis.* Quoique cette Remarque ne me regarde en aucune maniere, il ne faut pas abandonner une vérité certaine que l'on veut obſcurcir, ſçavoir que tous les fideles offrent le ſacrifice conjointement avec le Prêtre, quoique de différente maniere. Cela eſt invinciblement prouvé par les termes du Canon, *qui tibi offerunt ſacrificium laudis : Ceux qui vous offrent le ſacrifice de louange;* les anciens Rituels, ſelon la remarque de l'Auteur du Microloge, ne portoient point les termes ſuivans, *Aut pro quibus offerimus : Pour ceux pour leſquels nous vous offrons;* parce que tous ceux qui aſſiſtoient au ſacrifice étant Saints, ils offroient tous avec le Prêtre le ſacrifice de la Meſſe. Auſſi ne lit-on point ces paroles, *Pro quibus tibi offerimus* dans les anciens Sacramentaires. Il ne s'agit plus que de ſçavoir quel eſt ce ſacrifice de louange dont il eſt parlé en cet endroit. On ne peut pas douter raiſonnablement que ce ne ſoit le ſacrifice de la Meſſe, & en vain veut-on détourner cette expreſſion de ſon ſens naturel à un autre ſens qui n'a rapport qu'aux offrandes du pain & du vin faites par les fidelles, fous prétexte que le nom de facrifice leur eft quelquefois, mais rarement, donné. Ce nom eft ici déterminé au facrifice de l'Autel : par l'épithete de *facrifice de louange*, & par les effets attribuez après à ce facrifice, fçavoir qu'il eft *pour ceux qui l'offrent, pour tous les leurs, pour la redemption de leurs ames, pour l'efperance de leur falut & de leur fanté, & qui rendent leurs vœux au Dieu éternel, vivant & veritable* : Pro *fe, fuifque omnibus, pro redemptione animarum fuarum, pro fpe falutis & incolumitatis fuæ : tibique reddunt vota fua æterno Deo, vivo & vero.* Toutes ces qualitez d'offrir un facrifice de louange pour foi, pour les fiens, pour la redemption de fon ame, pour l'efperance du falut, ne peuvent convenir qu'au veritable facrifice que les fideles offrent avec le Prêtre. Les Sçavans dans les matieres liturgiques en conviennent; leur fentiment doit certainement prévaloir à celui du nouvel Auteur, qui contre les termes exprès du Canon de la Meffe, & contre toute l'antiquité, veut appliquer cette offrande aux feules oblations du pain & du vin que les fideles faifoient à la Meffe, non dans le temps de cette priere, mais auparavant.

Je ne veux point entrer en difcuffion avec l'Auteur du Libelle fur tout ce qu'il dit de la charité habituelle & des actes d'amour de Dieu qui ne produifent pas, felon plufieurs Theologiens, chacun féparément l'habitude de la charité. Voici ma doctrine fur ce fujet qui fe réduit à deux points que jay expliquez & prouvez dans mon Ouvrage. Le premier, que la charité habituelle eft un amour qui prédomine dans le cœur à la cupidité. Le fecond, que tous les actes de charité ne produifent pas cette charité habituelle. Il eft vrai que tous les actes de charité font des actes d'amour de Dieu fur toutes chofes quant à l'acte, mais non quant à l'habitude: il fe peut faire qu'un homme eftant mû par une grace prévenante, faffe un acte d'amour de Dieu fur toutes chofes; mais cependant qu'enfuite le poids de la cupidité l'entraîne & demeure toûjours plus fort que celui de la charité. Ce qui a jetté l'Auteur du Libelle dans l'erreur, c'eft qu'il a confondu les actes paffagers avec les habitudes, ce que j'ay bien diftingué dans mon Ouvrage ; fes objections tombent dès que l'on fuppofe cette diftinction. Cela fuffit pour répondre à tous les fophifmes que cet Auteur débite jufqu'à la page 68. Nous ne croyons pas qu'aucune perfonne raifonnable prenne intereft pour Angele de Foligni & pour les nouveaux Myftiques dont il femble que l'Auteur du Libelle veuille renouveller les maximes, quoique condamnées par le

Pape & par le confentement unanime des Evêques.

Ce que l'Auteur du Libelle repete à la page 75. qu'il eft impoffible qu'un homme faffe *un acte d'amour de Dieu par lequel il préfére Dieu à toutes chofes fans eftre néanmoins juftifié*, a déja été réfuté: mais pour ne laiffer aucune difficulté on répetera encore ici ce que l'on a dit qu'il faut diftinguer l'acte de l'habitude ; il n'y a point d'acte d'amour de Dieu par lequel on ne le préfére à toutes chofes, autrement ce ne feroit pas un acte véritable d'amour de Dieu: mais fi cet acte n'eft que paffager & que l'amour des Créatures domine habituellement dans le cœur, quelque bon que foit l'acte, il ne juftifie point l'homme, c'eft une difpofition à la juftification, mais non pas une juftification complete, parce qu'à la vérité l'acte particulier eft conçu par l'amour de Dieu fur toutes chofes ; mais que le fonds du cœur demeure toûjours attaché à la Créature, ce n'eft qu'un acte paffager bon en lui-même ; mais jufqu'à ce que la charité domine dans le cœur, l'homme n'eft point véritablement jufte.

Il eft inutile d'entrer dans les autres objections que l'Auteur du Libelle fait fur ce fujet, elles ne font toutes fondées que fur la confufion qu'il fait de l'acte avec l'habitude.

Il ne m'appartient pas & je ne suis pas chargé de venger la Faculté de Théologie de Paris de l'insulte que lui fait l'Auteur de ce Libelle : je n'ay garde d'adopter les titres qu'il me donne, & que je ne mérite point, sçavoir *que je suis l'oracle de la Sorbonne, l'Auteur de ses décisions, l'ame de ses délibera-tions, le mobile de ses entreprises.* Tout cela ne me convient point, ni à un Corps aussi libre qu'est le nôtre, où tout se passe présentement presqu'à l'unanimité des voix : je n'ay que la mienne bien foible en comparaison de celles de mes Confreres, qui me surpassent soit en âge, soit en capacité. Je gemis amérement, ou plûtôt je rougis de honte, de voir un Auteur assez insensé pour me faire un conducteur aveugle d'une Compagnie très éclairée. On ne peut, sans avoir perdu toute pudeur, avan-cer des injures si atroces contre un Corps aussi respectable que l'est celui de la Faculté de Theologie de Paris. Je n'oserois parler des autres injures qui suivent dans le Libelle con-tre une Faculté célébre, elles sont si outrées qu'elles ne méritent que l'animadversion des Magistrats.

Fasse le Seigneur que la vérité soit enfin con-nue ; qu'elle triomphe de ses ennemis ; que le erreurs soient découvertes & proscrites, & que toute la terre connoisse qui sont ceux qui se-ment la zizanie & le trouble dans l'Eglise. Pour

la loy de l'amour de Dieu, c'eſt une loy ſans
tache qui convertit les ames, un témoignage
fidele de la bonté de Dieu envers les hommes, & de leur reconnoiſſance envers Dieu :
le Ciel & la Terre paſſeront, mais cette parole : *Vous aimerez votre Dieu de tout votre
cœur, de toute votre ame, de toutes vos forces,*
ne paſſera jamais.

FIN.

APPROBATION.

J'AY lû par l'Ordre de Monſeigneur le Chancelier
un Ecrit qui a pour titre, *Continuation du Traité de
l'Amour de Dieu contenant une Réponſe à un Libelle injurieux, &c.* dans lequel je n'ay rien trouvé qui ſoit
contraire à la foy ou aux bonnes mœurs. Fait à Paris
ce 22. du mois de Novembre 1717.

Signé DE LACOSTE,
Curé de S. Pierre des Arcis.

9 782329 440590